TU PASAPORTE A MÉXICO

de Isela Xitlali Gómez R. y Anaïs Deal-Márquez

CONSULTOR DE CONTENIDO

Fernando Riosmena, PhD
Profesor Asociado de Geografía
Universidad de Colorado, Boulder

CAPSTONE PRESS
a capstone imprint

Publicado por Capstone Press, una impresión de Capstone
1710 Roe Crest Drive, North Mankato, Minnesota 56003
capstonepub.com

Copyright © 2026 de Capstone. Todos los derechos reservados. Ninguna parte de esta publicación puede ser reproducida ni total ni parcialmente, ni almacenada en un sistema de recuperación, ni transmitida de ninguna forma o por ningún medio, ya sea electrónico, mecánico, fotocopia, grabación o de otro tipo. sin la autorización escrita de la casa editorial.

Los datos de catalogación previos a la publicación se encuentran disponibles en el sitio web de la Biblioteca del Congreso.
Names: Gómez R., Isela Xitlali, author. | Deal-Márquez, Anaïs, author. Title: Tu pasaporte a México / de Isela Xitlali Gómez R. y Anaïs Deal-Márquez. Other titles: Your passport to Mexico. Spanish.
Description: North Mankato, Minnesota : Capstone Press, a Capstone imprint, 2025.
Series: Pasaporte mundial | Includes index. | Audience: Ages 8-11 | Audience: Grades 4-6
Summary: "¿Cómo es visitar o vivir en México? ¿Qué hace que la cultura de México sea única? Explora la geografía, las tradiciones y la vida cotidiana de los mexicanos. What is it like to live in or visit Mexico? What makes Mexico's culture unique? Explore the geography, traditions, and daily lives of Mexican people"-- Provided by publisher.
Identifiers: LCCN 2024055517 (print) | LCCN 2024055518 (ebook) | ISBN 9798875235931 (hardcover) | ISBN 9798875235887 (paperback) | ISBN 9798875235894 (pdf) | ISBN 9798875235900 (epub) | ISBN 9798875235917 (kindle edition)
Subjects: LCSH: Mexico--Juvenile literature.
Classification: LCC F1208.5 .G6418 2022 (print) | LCC F1208.5 (ebook) | DDC 972--dc23/eng/20241218
LC record available at https://lccn.loc.gov/2024055517
LC ebook record available at https://lccn.loc.gov/2024055518

Resumen: ¿Cómo es visitar o vivir en México? ¿Qué hace que la cultura de México sea única? Explora la geografía, las tradiciones y la vida cotidiana de los mexicanos.

Créditos editoriales
Editora: Marie Pearson; Diseñadora: Colleen McLaren;
Especialista en producción: Whitney Schaefer

Créditos fotográficos
Getty Images: Pedro Pardo/AFP, 23; Newscom: Javier Rojas/ZumaPress, 27; Red Line Editorial, 5; Shutterstock: Aleksandar Todorovic, 28, Belikova Oksana, 24, DC_Aperture, 15, FERNANDO MACIAS ROMO, 25, Filip Bjorkman, Cover, Flipser, (passport) design element, Ivan Soto Cobos, Cover, Kobby Dagan, 21, Kuryanovich Tatsiana, 13, Lou Sisneros Photography, 17, Magi Bagi, Cover, Marcos Castillo, 19, MicroOne, (visa stamps) design element, NataliaST, 6, pingebat, (stamps) design element, WitR, 14, Yasemin Olgunoz Berber, 9, Yevhenii Dubinko, (stamps) design element

Los sitios web y recursos adicionales a los que se hace referencia en este libro no se mantienen, autorizado o patrocinado por Capstone. Todos los nombres de productos y empresas son marcas comerciales™ o marcas comerciales registradas® de sus respectivos propietarios.

Printed and bound in China. PO 006276

CONTENIDO

CAPÍTULO UNO
¡BIENVENIDOS A MÉXICO! 4

CAPÍTULO DOS
LA HISTORIA DE MÉXICO 8

CAPÍTULO TRES
EXPLORAR MÉXICO 12

CAPÍTULO CUATRO
VIDA DIARIA 18

CAPÍTULO CINCO
FESTIVIDADES Y CELEBRACIONES 22

CAPÍTULO SEIS
DEPORTES Y RECREACIÓN 26

GLOSARIO 30
ÍNDICE 32

Las palabras en **negrita** están en el glosario.

CAPÍTULO UNO

¡BIENVENIDOS A MÉXICO!

Los puestos del mercado están llenos de color. Hay papel picado. Se trata de un papel con dibujos recortados. Los vendedores venden frutas y flores de cempasúchil de color naranja. Las familias se preparan para el Día de los Muertos. Crean espacios llamados altares en sus hogares. Incluyen fotografías de sus seres queridos que han fallecido. Sirven platos de comida y bebidas en estos altares. Celebran la vida de sus seres queridos. Este es un momento de recuerdo.

LA GENTE DE MÉXICO

México es un país en América del Norte. Sus ricas tradiciones se remontan a miles de años. Alrededor de 130 millones de personas viven allí. México tiene una mezcla de muchas culturas. Cada cultura cuenta una parte importante de la historia de México.

MAPA DE MÉXICO

- Isla Tiburón
- Barrancas del Cobre
- Parque Nacional Islas Marietas
- Ciudad de México
- Chichén Itzá
- Tulum
- Selva Lacandona

■ Ciudad Capital
▲ Marca
★ Parque
◆ Atracción

Explora las ciudades, atracciones y lugares de interés de México.

La belleza de las Barrancas del Cobre atrae a visitantes de otros países.

México es el hogar de 78 grupos **indígenas**. Los antepasados de estas personas han vivido en México desde antes de la llegada de los españoles en el siglo XVI. Por ejemplo, las Barrancas del Cobre se encuentran en el estado norteño de Chihuahua. La región ha sido el hogar del pueblo rarámuri desde mucho antes de la llegada de los europeos. También hay afromexicanos en todo el país. Sus antepasados fueron esclavizados y traídos a México. Cada región de México tiene su propia geografía, comida y tradiciones.

CIFRAS Y DATOS

NOMBRE OFICIAL: ESTADOS UNIDOS MEXICANOS
POBLACIÓN: 130.207.371
SUPERFICIE: 750.561 MILLAS CUADRADAS (1.943.945 KILÓMETROS CUADRADOS)
CAPITAL: CIUDAD DE MÉXICO
MONEDA: PESO MEXICANO
GOBIERNO: REPÚBLICA PRESIDENCIAL FEDERAL
IDIOMA: ESPAÑOL; 63 LENGUAS INDÍGENAS
GEOGRAFÍA: México limita con Guatemala y Belice al sur y con los Estados Unidos de América al norte. El golfo de México recorre la costa este. El océano Pacífico recorre la costa oeste. El mar Caribe está al sureste. El país tiene montañas, desiertos y regiones tropicales.
RECURSOS NATURALES: México tiene petróleo, oro, plata, cobre, maíz, caña de azúcar, café, trigo, frijoles, tomates, plátanos, chiles y naranjas.

El estado sureño de Yucatán tiene muchos cenotes, o sumideros naturales con agua. Los cenotes fueron creados por el colapso de cuevas subterráneas. Los mayas usaban los cenotes como fuente de agua y para ceremonias.

CAPÍTULO DOS

LA HISTORIA DE MÉXICO

La gente ha vivido en México por más de 10.000 años. La civilización olmeca existió desde 1200 a 400 **a. C.** en la costa este. Es una de las civilizaciones más antiguas conocidas en México. Los pueblos posteriores, incluidos los mayas y los zapotecos, pueden haber descendido de los pueblos olmecas. Para el año 200 d. C., los mayas habían construido ciudades en el sur de México. En el siglo XIV d. C., el pueblo mexica (azteca) construyó un imperio. Su capital estaba en la actual Ciudad de México.

Los españoles invadieron en 1519. Encontraron ciudades prósperas. Las ciudades tenían **irrigación**. Había templos hermosos.

HECHO

Los mayas construyeron la antigua ciudad de Chichén Itzá. Está ubicada en lo que ahora es Yucatán. A muchas personas les gusta ver su gran pirámide llamada la Pirámide de Kukulcán.

El Museo Nacional de Antropología de la Ciudad de México tiene muchos artefactos de las civilizaciones antiguas de México.

Los **conquistadores** españoles esclavizaron a los africanos y los trajeron a principios del siglo XVI. Muchos africanos esclavizados se **rebelaron**. Formaron sus propias colonias liberadas. La historia y las tradiciones de todos estos grupos de personas influyeron en la cultura mexicana.

CRONOLOGÍA DE LA HISTORIA DE MEXICO

1200-400 A. C.: La civilización olmeca existe en lo que hoy es México.

1325-1519 D. C.: El Imperio mexica construye una civilización en Tenochtitlán.

1519: Hernán Cortés desembarca en el estado actual de Veracruz. Comienza la colonización española.

1520s: Los españoles comienzan a traer africanos esclavizados a México.

1810-1821: México logra la libertad de España en la Guerra de la Independencia de México.

1824: Se forman los Estados Unidos Mexicanos.

1829: Vicente Guerrero se convierte en el segundo presidente de México y el primer presidente negro. Pone fin a la esclavitud en México.

1846-1848: México pierde territorio ante los Estados Unidos en la Guerra México-Estadounidense.

1910-1920: La Revolución Mexicana conduce a la formación de una república federal.

2018: Andrés Manuel López Obrador es elegido el 58 presidente de México.

CONVIRTIÉNDOSE EN UN PAÍS

A principios del siglo XIX, la gente de México comenzó a resistirse al dominio español. Se rebelaron en la Guerra de la Independencia de México. Obtuvieron su independencia en 1821. Tres años después, México se convirtió en una república. Se formaron los Estados Unidos Mexicanos.

Los Estados Unidos de América **anexaron** Texas en 1845. Texas había pertenecido recientemente a México. Esto dio inicio a la Guerra México-Estadounidense (1846–1848). Los Estados Unidos ganaron. Le quitaron aún más tierra al norte de México.

A principios del siglo XX, muchas personas trabajaban para unos pocos terratenientes ricos. Las condiciones eran duras. Además, Porfirio Díaz había sido presidente durante muchos años. Tenía mucho poder. La Revolución Mexicana (1910–1920) derrocó a Díaz. Llevó a la formación de una república federal. Pero un solo partido gobernó durante casi 70 años. Los resultados electorales fueron modificados a favor de ese partido. El país ha tenido resultados electorales más precisos desde la década de 1990. En 2018, Andrés Manuel López Obrador fue elegido presidente.

HECHO

Antes de la Guerra México-Estadounidense, los estados actuales California, Nevada y Utah formaban parte de México. También lo fueron partes de Arizona, Colorado, Nuevo México, Oklahoma y Wyoming.

CAPÍTULO TRES

EXPLORA MÉXICO

México tiene muchos lugares para visitar. Diferentes regiones tienen climas secos, tropicales o fríos. México es parte del Cinturón de Fuego. Esta región tiene muchos volcanes. La mayoría de los volcanes están inactivos. Esto significa que no han entrado en erupción en mucho tiempo.

LUGARES SAGRADOS

Hay muchos lugares en México que son espiritualmente importantes para la gente de hoy. La ciudad de Teotihuacán es un ejemplo. Fue construida desde el siglo I hasta el siglo VII d. C. Los científicos no están seguros de quiénes la construyeron. Las ruinas están cerca de la actual Ciudad de México. Teotihuacán tenía un tamaño de más de 8 millas cuadradas (20 kilómetros cuadrados). Miles de personas vivieron allí en el pasado. Hoy en día, la gente puede visitar este sitio. Pueden escalar las pirámides.

El Popocatépetl es uno de los volcanes activos de México.

Los restos del Templo Mayor están en el centro de la Ciudad de México.

La Ciudad de México se encuentra sobre la capital mexica de Tenochtitlán. El Templo Mayor está en el corazón de Tenochtitlán. Este templo fue construido entre los años 1427 y 1440. Muchos eventos religiosos importantes tuvieron lugar allí. También se celebraron funerales para los líderes estatales. Los conquistadores españoles destruyeron el templo. Hoy en día, hay un museo en el sitio. Los visitantes pueden aprender más sobre la historia de la ciudad y los templos.

Tulum está en la península de Yucatán.

La ciudad maya de Tulum se encuentra en la costa sureste de México. Los restos de algunos edificios aún se mantienen en pie. Fueron construidos entre los años 1200 y 1550. La ciudad era un centro comercial. La gente también venía para ceremonias religiosas. Los visitantes pueden ver el mar Caribe desde Tulum.

HECHO

La Ciudad de México se asienta sobre el lecho seco de un lago. El suelo del lecho del lago es más blando que el de la tierra circundante. Cuando se produce un terremoto, el suelo del lecho del lago se mueve mucho, lo que aumenta la probabilidad de que se derrumben los edificios.

TIERRA Y VIDA SILVESTRE

México tiene muchos lugares de belleza natural. El Parque Nacional Islas Marietas está en el Océano Pacífico. Se encuentra frente a la costa de la ciudad de Puerto Vallarta. El parque protege las Islas Marietas. La actividad volcánica formó estas islas hace miles de años. Las islas son populares entre los turistas. Las aguas azules y claras son el hogar de diversos animales. Hay muchas especies de aves marinas, delfines y rayas. Las islas están protegidas de la pesca y la caza.

El río Usumacinta atraviesa la selva Lacandona. La selva está en el sur de México. Cruza hacia Guatemala. La Lacandona está llena de hermosas cascadas. También hay ruinas mayas. Los jaguares viven en la selva. Pero más del 90 por ciento de la selva ha sido talada. A menudo se ha talado para la agricultura.

LAGOS COLORIDOS

El Parque Nacional Lagunas de Montebello está en el sur de México. Hay más de 50 lagos aquí. Algunos son de un color azul profundo. Otros son de color azul verdoso. Pájaros carpinteros, tucanes, halcones y quetzales viven cerca de los lagos.

Varias aves, incluidos los piqueros de patas azules, viven en las Islas Marietas.

La Isla Tiburón es la isla más grande de México. Se encuentra frente a la costa de Sonora en el Golfo de California. Es la tierra **ancestral** del pueblo seri. Hoy en día, está deshabitada. El gobierno mexicano la protege como reserva natural. Es el hogar de coyotes y venados mulos. La caza está controlada entre los gobiernos tribal y federal.

DOS VOLCANES

El Popocatépetl y el Iztaccíhuatl son dos volcanes cerca de la Ciudad de México. Hay una leyenda que dice que hace mucho tiempo, eran amantes. Cuando murieron, los dioses los cubrieron de nieve. Se convirtieron en montañas.

CAPÍTULO CUATRO
VIDA DIARIA

Hay muchos tipos de comida en México. La comida mexicana suele ser picante. La cocina es un lugar donde la familia se reúne para compartir recetas e historias.

Las comidas suelen incluir tortillas. Se hacen de maíz. Existen muchas variedades del maíz mexicano. Hay maíz amarillo, azul, morado y de otros colores. El maíz se puede utilizar en chilaquiles. Este platillo está hecho de tiras de tortillas de maíz fritas. Las tortillas se cuecen a fuego lento con salsa. Se puede cubrir con maíz, pollo, huevos y otros alimentos. Algunas frituras o totopos se hacen con maíz. Algunas bebidas también incluyen maíz. El soske es una bebida tradicional a base de maíz del pueblo mascogo. Los mascogos descienden de los negros esclavizados que escaparon y de los indios americanos seminolas.

Muchas familias en México disfrutan de preparar y comer comidas juntos.

NOPALES

El nopal es un tipo de cactus. Este cactus crece en casi todas partes en México. Algunas personas lo cocinan. Otros disfrutan comiéndolo crudo en ensaladas.

Ingredientes para nopales:
- 3 nopales medianos, con los bordes recortados y las espinas quitadas
- ¼ taza de sal
- ½ cebolla roja, en rodajas finas
- Jugo de 3 limones
- 3 tomates medianos, en cubos
- 2 aguacates, en cubos
- ¼ taza de queso Cotija
- 2 cucharadas de cilantro picado
- ½ cucharadita de orégano mexicano seco
- Aceite de oliva

Instrucciones para preparar nopales:

1. Enjuaga y seca los nopales.
2. Corta los nopales en tiras finas. Coloca los nopales en un colador con sal. Déjalos reposar de 30 a 45 minutos.
3. Enjuaga los nopales con agua fría para quitarles la baba.
4. Sofríe las cebollas en aceite ligero con la mitad del jugo de limón durante 3 minutos.
5. Coloca todos los ingredientes en traste para servir. Mezcla los ingredientes con el jugo de limón restante y una pizca de sal. Agrega un chorrito de aceite de oliva.

Hoy en día, los miembros de una banda de mariachis suelen usar ropa a juego. La ropa es similar a la de los vaqueros del estado mexicano de Jalisco.

MÚSICA

Las regiones de México tienen muchos tipos de música. La música de mariachi es un tipo popular. Comúnmente incluye guitarras, trompetas y violines. La música de mariachi data de hace unos 200 años.

El son jarocho se originó en el estado de Veracruz. Se desarrolló como una mezcla de música africana, española e indígena. Se centra en la jarana. Este instrumento tiene ocho cuerdas. Se parece a un ukelele.

CAPÍTULO CINCO

FESTIVIDADES Y CELEBRACIONES

Los mexicanos tienen muchos días festivos y celebraciones. El 16 de septiembre, México celebra su independencia de España. Este día es un símbolo de libertad y esperanza. La gente disfruta de recreaciones históricas. Ven fuegos artificiales por la noche.

FESTIVIDADES RELIGIOSAS

Más del 80 por ciento de los mexicanos son católicos. Muchas poblaciones en México tienen un **santo patrón**. Una población celebra a su santo patrón una vez al año. Esta celebración generalmente incluye un desfile a la iglesia. La gente asiste a **misa** allí. Comen. Disfrutan de los bailes tradicionales.

La gente en Cuajinicuilapa celebra al santo patrón Nicolás de Tolentino.

La gente baila en desfiles para celebrar el Día de la Virgen de Guadalupe.

El 12 de diciembre, los católicos mexicanos celebran el Día de la Virgen de Guadalupe. Esta festividad honra a María, la madre de Jesús. Hay comidas especiales. La gente asiste a misa. Muchos pueblos tienen desfiles que incluyen música y danzas indígenas.

La gente decora una rosca de reyes con frutos secos y pasta dulce.

El Día de los Reyes Magos es el 6 de enero. Es una fiesta cristiana. Se celebra el momento en que los tres reyes magos vinieron a visitar al niño Jesús. La gente hace rosca de reyes, un pan dulce circular. Se hornea una pequeña muñeca de plástico en el pan. Una familia se sienta con amigos para cortar la rosca. La comen con una taza de chocolate caliente. Quien obtenga el trozo con la muñeca tiene que organizar una fiesta en febrero.

CAPÍTULO SEIS

DEPORTES Y RECREACIÓN

El fútbol es el deporte más popular en México. Los clubes nacionales tienen fanáticos leales en todo el país. La Copa Mundial es un momento para que la familia y los amigos se reúnan. Los deportes y juegos indígenas también son populares en México. La pelota purépecha es similar al hockey sobre piso. Existe desde hace más de 3000 años. La gente todavía la juega hoy en día.

AVENTURA

Mucha gente en México disfruta del aire libre. Cuando hace calor, la gente pasa tiempo junto al agua. Visitan el océano, los ríos o las aguas termales. Las familias llevan comida y bebidas para compartir.

Javier "Chicharito" Hernández Balcázar es un famoso jugador de fútbol nacido en México.

27

A algunas personas les gusta pasear en bote por uno de los lagos del Parque Chapultepec de la Ciudad de México.

BOTE PATEADO

A los niños mexicanos les gusta jugar a una versión del juego de las escondidas llamada bote pateado. Se necesitan al menos tres jugadores.

1. Los jugadores eligen a una persona para que sea la que tiene que devolver una lata a su lugar. Esta persona se coloca en el lugar de partida. Una lata dentro de un círculo dibujado marca el lugar de partida. Otro jugador patea la lata lo más lejos posible del círculo. El primer jugador debe caminar hasta la lata y regresar caminando con ella al círculo. No se permite correr. Mientras tanto, los demás jugadores se esconden.
2. El jugador que devuelve la lata comienza a buscar a los demás. Cuando este jugador encuentra a alguien escondido, debe correr de regreso al lugar de partida. Los jugadores restantes pueden esconderse en un nuevo lugar. El jugador encontrado se coloca en el círculo.
3. El jugador inicial busca a otra persona.
4. El jugador inicial y el segundo jugador encontrado corren de regreso a la lata. Si el jugador encontrado llega primero a la lata, la persona que está en el círculo puede volver a esconderse. Si no, ambos jugadores quedan atrapados en el círculo.
5. El juego termina cuando todos han sido encontrados y quedan atrapados en el círculo.

México es un país fascinante. Los visitantes pueden vivir aventuras. La música y la comida ofrecen una mirada a muchas culturas. Las tradiciones muestran la diversidad que hace que México sea especial.

GLOSARIO

a. C./d. C.
a. C. significa antes de Cristo, o antes del año uno. d. C. significa después de Cristo, o los años que comienzan con el año uno

antepasado (an-te-pa-SA-do)
un pariente del que una persona es descendiente

anexar (a-NE-xar)
tomar el control de un territorio

conquistador (con-quis-TA-dor)
un líder militar del siglo XVI de España

indígena (in-DÍ-ge-na)
las primeras personas, plantas y animales que vivieron en un país

irrigación (i-rri-ga-CIÓN)
un método de usar canales o tuberías para llevar agua a los cultivos

misa (MI-sa)
un servicio religioso de la iglesia católica

rebelarse (re-be-LAR-se)
levantarse e intentar derrocar a un gobernante

santo patrono (SAN-to pa-TRO-no)
una persona que la iglesia cristiana ha reconocido por haber vivido una vida santa y que se dice que cuida de las personas o los lugares

SOBRE LAS AUTORAS

Isela Xitlali Gómez R. es una persona trasplantada del este de Los Ángeles / Inland Empire que vive en Minneapolis, Minnesota. Ganó la Serie Mentor en No Ficción Creativa del Loft Literary Center en 2015, fue becaria Beyond the Pure en 2017 a través de Intermedia Arts y becaria del programa Mirrors and Windows del Loft Literary Center en 2020.

Anaïs Deal-Márquez es una artista multidisciplinaria criada en México y el norte del Medio Oeste. Ha sido publicada en la revista Poetry, The BreakBeat Poets Volume 4: Ha sido publicada en la revista Poetry, The BreakBeat Poets Volume 4: *LatiNEXT* y en otros lugares.

ÍNDICE

afromexicanos, 6

Ciudad de México, 7, 8, 12, 14, 15, 17

comida, 4, 6, 18, 20, 22, 25, 26, 29

días festivos, 4, 22, 24–25

españoles, 6, 8–10, 14, 21

fútbol, 26

islas, 16, 17

mayas, 7, 8, 15, 16

mexicas (aztecas), 8, 10, 14

música, 21, 24, 29

pueblos indígenas, 6, 21, 24, 26

LIBROS DE ESTA SERIE

TU PASAPORTE A **EGIPTO**
TU PASAPORTE A **ITALIA**
TU PASAPORTE A **JAPÓN**
TU PASAPORTE A **MÉXICO**